G000124259

The Far Side®

Trouble Brewing

2005 Desk Calendar

Gary Larson

Andrews McMeel Publishing

an Andrews McMeel Universal company
Kansas City

 For information write Andrews McMeel Publishing, an Andrews McMeel Universal company, 4520 Main Street, Kansas City, Missouri 64111.

www.andrewsmcmeel.com

All Jewish holidays begin at sundown the previous day.

ISBN: 0-7407-4388-0

Friends, we've got trouble. Trouble with a capital T, and that rhymes with D, and that stands for desk calendar.

Pity the naïve denizens of River City … they thought they knew trouble. Worried that a pool hall would corrupt their youngsters. Cute.

Want to know real trouble? Witness the low-fenced dingo farm neighboring an open-air nursery. Frolic about under the anvil tree. Squeeze a pet lion onto a crowded elevator. Yes, *now* we're talking trouble. *The Far Side® Trouble Brewing 2005 Desk Calendar* is positively bursting with severely twisted scenarios like these, presented one per week—which gives you just enough time to appreciate the perilous predicament of the future victims, but mercifully move on before dwelling on the real catastrophe about to strike. Professor Harold Hill would be so proud.

January 2005

Sunday	Monday	Tuesday	Wednesday	Thursday	Friday	Saturday
26 December 2004	27	28	29	30	31	1 New Year's Day Kwanzaa ends (USA)
2	3 Bank Holiday (UK)	4	5	6	7	8
9	10	11	12	13	14	15
16	17 Martin Luther King Jr.'s Birthday (observed) (USA)	18	19	20	21	22
23 / 30	24 / 31	25	26 Australia Day	27	28	29

Notes

December 2004

S	M	T	W	T	F	S
28	29	30	1	2	3	4
5	6	7	8	9	10	11
12	13	14	15	16	17	18
19	20	21	22	23	24	25
26	27	28	29	30	31	1

February 2005

S	M	T	W	T	F	S
30	31	1	2	3	4	5
6	7	8	9	10	11	12
13	14	15	16	17	18	19
20	21	22	23	24	25	26
27	28	1	2	3	4	5

Notes

The party was going along splendidly—
and then Morty opened the door to the wolverine display.

Dec 2004-Jan 2005

December 2004

S	M	T	W	T	F	S
28	29	30	1	2	3	4
5	6	7	8	9	10	11
12	13	14	15	16	17	18
19	20	21	22	23	24	25
26	27	28	29	30	31	1

January 2005

S	M	T	W	T	F	S
26	27	28	29	30	31	1
2	3	4	5	6	7	8
9	10	11	12	13	14	15
16	17	18	19	20	21	22
23/30	24/31	25	26	27	28	29

Monday
27

Tuesday
28

Wednesday
29

Thursday
30

Friday
31

Saturday
1

New Year's Day
Kwanzaa ends (USA)

Sunday
2

"Bummer, Rusty. … Seven years bad luck—of course, in your case, that works out to be 49 years."

January 2005

January 2005						
S	M	T	W	T	F	S
26	27	28	29	30	31	1
2	3	4	5	6	7	8
9	10	11	12	13	14	15
16	17	18	19	20	21	22
23/30	24/31	25	26	27	28	29

February 2005						
S	M	T	W	T	F	S
30	31	1	2	3	4	5
6	7	8	9	10	11	12
13	14	15	16	17	18	19
20	21	22	23	24	25	26
27	28	1	2	3	4	5

Monday
3

Bank Holiday (UK)

Tuesday
4

Wednesday
5

Thursday
6

Friday
7

Saturday
8

Sunday
9

Out there, ominously moving toward its destiny,
was a truck with Reuben's name on it.

January 2005						
S	M	T	W	T	F	S
26	27	28	29	30	31	1
2	3	4	5	6	7	8
9	10	11	12	13	14	15
16	17	18	19	20	21	22
23/30	24/31	25	26	27	28	29

January 2005

February 2005						
S	M	T	W	T	F	S
30	31	1	2	3	4	5
6	7	8	9	10	11	12
13	14	15	16	17	18	19
20	21	22	23	24	25	26
27	28	1	2	3	4	5

Monday
10

Tuesday
11

Wednesday
12

Thursday
13

Friday
14

Saturday
15

Sunday
16

Early experiments in transportation

January 2005

January 2005						
S	M	T	W	T	F	S
26	27	28	29	30	31	1
2	3	4	5	6	7	8
9	10	11	12	13	14	15
16	17	18	19	20	21	22
23/30	24/31	25	26	27	28	29

February 2005						
S	M	T	W	T	F	S
30	31	1	2	3	4	5
6	7	8	9	10	11	12
13	14	15	16	17	18	19
20	21	22	23	24	25	26
27	28	1	2	3	4	5

Monday 17

Martin Luther King Jr.'s Birthday (observed) (USA)

Tuesday 18

Wednesday 19

Thursday 20

Friday 21

Saturday 22

Sunday 23

"Don't be alarmed, folks—he's completely harmless unless something startles him."

January 2005						
S	M	T	W	T	F	S
26	27	28	29	30	31	1
2	3	4	5	6	7	8
9	10	11	12	13	14	15
16	17	18	19	20	21	22
23/30	24/31	25	26	27	28	29

January 2005

February 2005						
S	M	T	W	T	F	S
30	31	1	2	3	4	5
6	7	8	9	10	11	12
13	14	15	16	17	18	19
20	21	22	23	24	25	26
27	28	1	2	3	4	5

Monday
24

Tuesday
25

Wednesday
26

Australia Day

Thursday
27

Friday
28

Saturday
29

Sunday
30

February 2005

Sunday	Monday	Tuesday	Wednesday	Thursday	Friday	Saturday
30	31	1	2	3	4	5
6 Waitangi Day (NZ)	7	8	9 Ash Wednesday	10	11	12
13	14 St. Valentine's Day	15	16	17	18	19
20	21 Presidents' Day (USA)	22	23	24	25	26
27	28	1	2	3	4	5

January 2005

S	M	T	W	T	F	S
26	27	28	29	30	31	1
2	3	4	5	6	7	8
9	10	11	12	13	14	15
16	17	18	19	20	21	22
23/30	24/31	25	26	27	28	29

Notes

March 2005

S	M	T	W	T	F	S
27	28	1	2	3	4	5
6	7	8	9	10	11	12
13	14	15	16	17	18	19
20	21	22	23	24	25	26
27	28	29	30	31	1	2

Notes

The can of Mace lay where it had fallen from Bill's hand, and, for a moment, time froze, as each pondered the significance of this new development.

Jan-Feb 2005

January 2005

S	M	T	W	T	F	S
26	27	28	29	30	31	1
2	3	4	5	6	7	8
9	10	11	12	13	14	15
16	17	18	19	20	21	22
23/30	24/31	25	26	27	28	29

February 2005

S	M	T	W	T	F	S
30	31	1	2	3	4	5
6	7	8	9	10	11	12
13	14	15	16	17	18	19
20	21	22	23	24	25	26
27	28	1	2	3	4	5

Monday 31

Tuesday 1

Wednesday 2

Thursday 3

Friday 4

Saturday 5

Waitangi Day (NZ)

Sunday 6

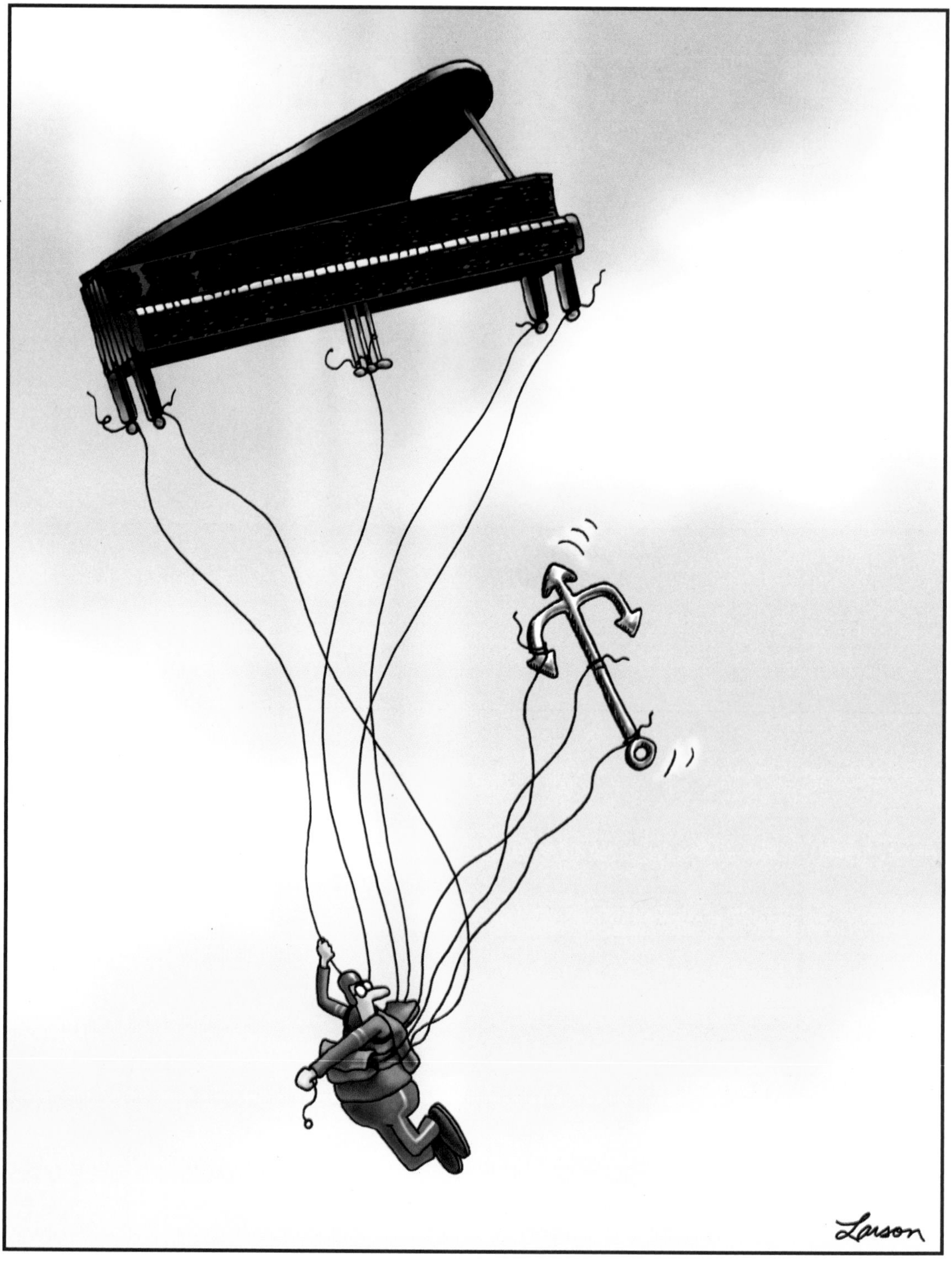

Murray didn't feel the first pangs of real panic until he pulled the emergency cord.

February 2005

February 2005

S	M	T	W	T	F	S
30	31	1	2	3	4	5
6	7	8	9	10	11	12
13	14	15	16	17	18	19
20	21	22	23	24	25	26
27	28	1	2	3	4	5

March 2005

S	M	T	W	T	F	S
27	28	1	2	3	4	5
6	7	8	9	10	11	12
13	14	15	16	17	18	19
20	21	22	23	24	25	26
27	28	29	30	31	1	2

Monday
7

Tuesday
8

Wednesday
9

Ash Wednesday

Thursday
10

Friday
11

Saturday
12

Sunday
13

"Oh my God! It's Yvonne!"

February 2005

February 2005

S	M	T	W	T	F	S
30	31	1	2	3	4	5
6	7	8	9	10	11	12
13	14	15	16	17	18	19
20	21	22	23	24	25	26
27	28	1	2	3	4	5

March 2005

S	M	T	W	T	F	S
27	28	1	2	3	4	5
6	7	8	9	10	11	12
13	14	15	16	17	18	19
20	21	22	23	24	25	26
27	28	29	30	31	1	2

Monday 14

St. Valentine's Day

Tuesday 15

Wednesday 16

Thursday 17

Friday 18

Saturday 19

Sunday 20

The birth of head-hunting

February 2005						
S	M	T	W	T	F	S
30	31	1	2	3	4	5
6	7	8	9	10	11	12
13	14	15	16	17	18	19
20	21	22	23	24	25	26
27	28	1	2	3	4	5

February 2005

March 2005						
S	M	T	W	T	F	S
27	28	1	2	3	4	5
6	7	8	9	10	11	12
13	14	15	16	17	18	19
20	21	22	23	24	25	26
27	28	29	30	31	1	2

Monday
21

Presidents' Day (USA)

Tuesday
22

Wednesday
23

Thursday
24

Friday
25

Saturday
26

Sunday
27

March 2005

Sunday	Monday	Tuesday	Wednesday	Thursday	Friday	Saturday
27	28	1 St. David's Day (UK)	2	3	4	5
6 Mothering Sunday (UK)	7 Labour Day (Australia—WA) Eight Hours Day (Australia—TAS)	8 International Women's Day	9	10	11	12
13	14 Labour Day (Australia—VIC) Canberra Day (Australia—ACT) Commonwealth Day (Australia, Canada, NZ, UK)	15	16	17 St. Patrick's Day	18	19
20 Palm Sunday	21	22	23	24	25 Purim Good Friday (Western)	26 Easter Saturday (Australia—except VIC, WA)
27 Easter (Western)	28 Easter Monday (Australia, Canada, NZ, UK—except Scotland)	29	30	31	1	2

February 2005

S	M	T	W	T	F	S
30	31	1	2	3	4	5
6	7	8	9	10	11	12
13	14	15	16	17	18	19
20	21	22	23	24	25	26
27	28	1	2	3	4	5

Notes

April 2005

S	M	T	W	T	F	S
27	28	29	30	31	1	2
3	4	5	6	7	8	9
10	11	12	13	14	15	16
17	18	19	20	21	22	23
24	25	26	27	28	29	30

Notes

"All right, Billy, you just go right ahead! …
I've warned you enough times about playing under the anvil tree!"

February-March 2005

February 2005						
S	M	T	W	T	F	S
30	31	1	2	3	4	5
6	7	8	9	10	11	12
13	14	15	16	17	18	19
20	21	22	23	24	25	26
27	28	1	2	3	4	5

March 2005						
S	M	T	W	T	F	S
27	28	1	2	3	4	5
6	7	8	9	10	11	12
13	14	15	16	17	18	19
20	21	22	23	24	25	26
27	28	29	30	31	1	2

Monday
28

Tuesday
1

St. David's Day (UK)

Wednesday
2

Thursday
3

Friday
4

Saturday
5

Mothering Sunday (UK)

Sunday
6

An instant later, both Professor Waxman and his time machine are obliterated, leaving the cold-blooded/warm-blooded dinosaur debate still unresolved.

March 2005

March 2005						
S	M	T	W	T	F	S
27	28	1	2	3	4	5
6	7	8	9	10	11	12
13	14	15	16	17	18	19
20	21	22	23	24	25	26
27	28	29	30	31	1	2

April 2005						
S	M	T	W	T	F	S
27	28	29	30	31	1	2
3	4	5	6	7	8	9
10	11	12	13	14	15	16
17	18	19	20	21	22	23
24	25	26	27	28	29	30

Monday 7

Labour Day (Australia—WA)
Eight Hours Day (Australia—TAS)

Tuesday 8

International Women's Day

Wednesday 9

Thursday 10

Friday 11

Saturday 12

Sunday 13

The balloon was his enemy.

March 2005

March 2005						
S	M	T	W	T	F	S
27	28	1	2	3	4	5
6	7	8	9	10	11	12
13	14	15	16	17	18	19
20	21	22	23	24	25	26
27	28	29	30	31	1	2

April 2005						
S	M	T	W	T	F	S
27	28	29	30	31	1	2
3	4	5	6	7	8	9
10	11	12	13	14	15	16
17	18	19	20	21	22	23
24	25	26	27	28	29	30

Monday 14

Labour Day (Australia—VIC)
Canberra Day (Australia—ACT)
Commonwealth Day (Australia, Canada, NZ, UK)

Tuesday 15

Wednesday 16

Thursday 17

St. Patrick's Day

Friday 18

Saturday 19

Palm Sunday

Sunday 20

The deadly couch cobra—coiled and alert in its natural habitat.

March 2005						
S	M	T	W	T	F	S
27	28	1	2	3	4	5
6	7	8	9	10	11	12
13	14	15	16	17	18	19
20	21	22	23	24	25	26
27	28	29	30	31	1	2

March 2005

April 2005						
S	M	T	W	T	F	S
27	28	29	30	31	1	2
3	4	5	6	7	8	9
10	11	12	13	14	15	16
17	18	19	20	21	22	23
24	25	26	27	28	29	30

Monday
21

Tuesday
22

Wednesday
23

Thursday
24

Friday
25

Purim
Good Friday (Western)

Saturday
26

Easter Saturday
(Australia—except VIC, WA)

Easter (Western)

Sunday
27

April 2005

Sunday	Monday	Tuesday	Wednesday	Thursday	Friday	Saturday
27	28	29	30	31	1	2
3	4	5	6	7	8	9
10	11	12	13	14 Bank Holiday (Australia—TAS)	15	16
17	18	19	20	21	22 Earth Day	23 St. George's Day (UK)
24 First Day of Passover	25 Anzac Day (Australia, NZ)	26	27	28	29 Holy Friday (Orthodox)	30

March 2005

S	M	T	W	T	F	S
27	28	1	2	3	4	5
6	7	8	9	10	11	12
13	14	15	16	17	18	19
20	21	22	23	24	25	26
27	28	29	30	31	1	2

Notes

May 2005

S	M	T	W	T	F	S
1	2	3	4	5	6	7
8	9	10	11	12	13	14
15	16	17	18	19	20	21
22	23	24	25	26	27	28
29	30	31	1	2	3	4

Notes

Only Claire, with her oversized brain, wore an expression of concern.

March-April 2005

March 2005						
S	M	T	W	T	F	S
27	28	1	2	3	4	5
6	7	8	9	10	11	12
13	14	15	16	17	18	19
20	21	22	23	24	25	26
27	28	29	30	31	1	2

April 2005						
S	M	T	W	T	F	S
27	28	29	30	31	1	2
3	4	5	6	7	8	9
10	11	12	13	14	15	16
17	18	19	20	21	22	23
24	25	26	27	28	29	30

Monday 28

Easter Monday (Australia, Canada, NZ, UK—except Scotland)

Tuesday 29

Wednesday 30

Thursday 31

Friday 1

Saturday 2

Sunday 3

"Okay, listen up! The cops are closing in on this place, so here's our new hideout: 455 Elm Street. … Let's all say it together about a hundred times so there'll be no screw-ups."

April 2005

April 2005						
S	M	T	W	T	F	S
27	28	29	30	31	1	2
3	4	5	6	7	8	9
10	11	12	13	14	15	16
17	18	19	20	21	22	23
24	25	26	27	28	29	30

May 2005						
S	M	T	W	T	F	S
1	2	3	4	5	6	7
8	9	10	11	12	13	14
15	16	17	18	19	20	21
22	23	24	25	26	27	28
29	30	31	1	2	3	4

Monday
4

Tuesday
5

Wednesday
6

Thursday
7

Friday
8

Saturday
9

Sunday
10

"If there're monsters moving in next door, Danny, you just ignore them. The more you believe in them, the more they'll try to get you."

April 2005

April 2005

S	M	T	W	T	F	S
27	28	29	30	31	1	2
3	4	5	6	7	8	9
10	11	12	13	14	15	16
17	18	19	20	21	22	23
24	25	26	27	28	29	30

May 2005

S	M	T	W	T	F	S
1	2	3	4	5	6	7
8	9	10	11	12	13	14
15	16	17	18	19	20	21
22	23	24	25	26	27	28
29	30	31	1	2	3	4

Monday
11

Tuesday
12

Wednesday
13

Thursday
14

Bank Holiday (Australia—TAS)

Friday
15

Saturday
16

Mum's B. day.

Sunday
17

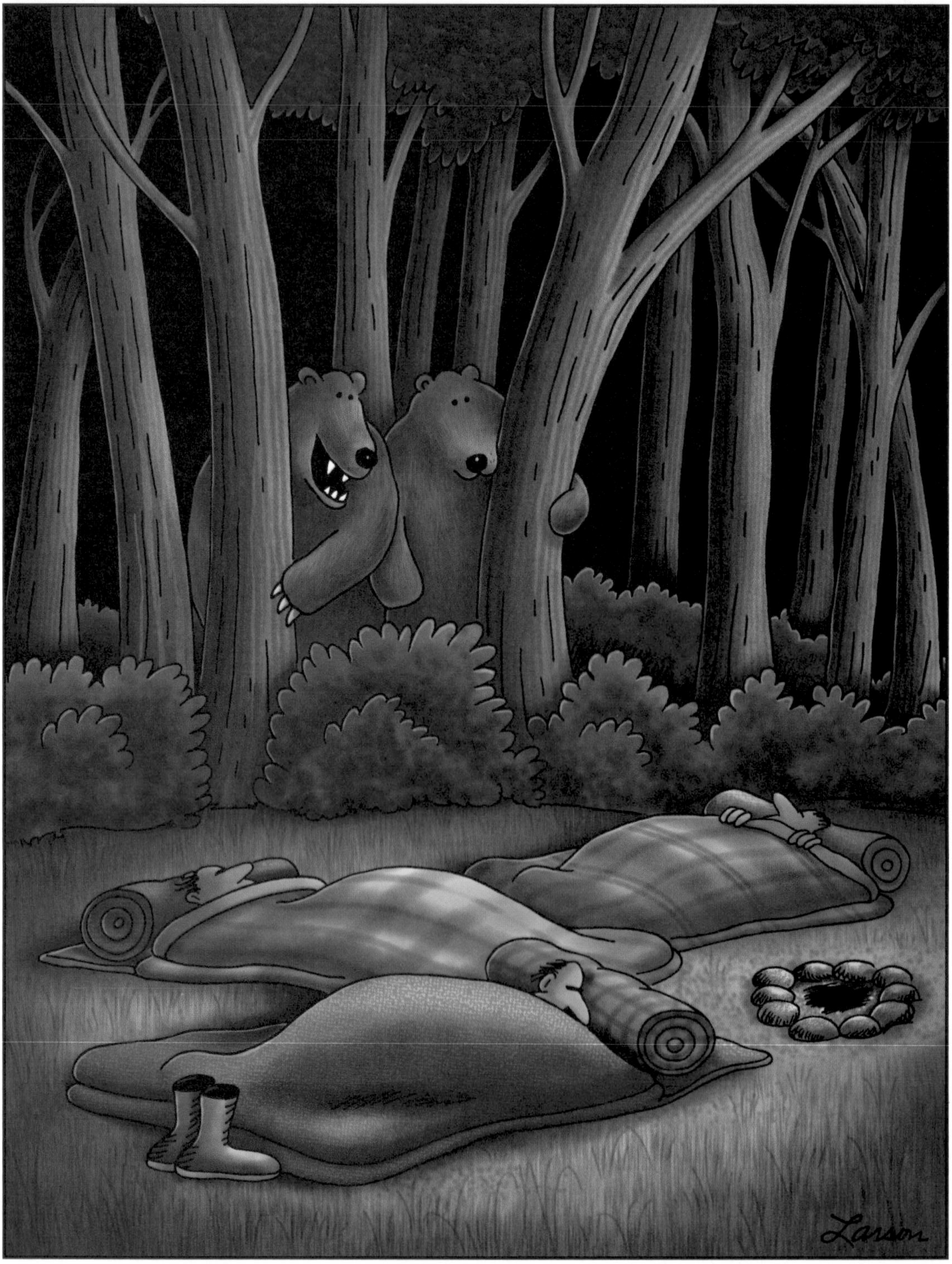

“Sandwiches!”

April 2005

April 2005						
S	M	T	W	T	F	S
27	28	29	30	31	1	2
3	4	5	6	7	8	9
10	11	12	13	14	15	16
17	18	19	20	21	22	23
24	25	26	27	28	29	30

May 2005						
S	M	T	W	T	F	S
1	2	3	4	5	6	7
8	9	10	11	12	13	14
15	16	17	18	19	20	21
22	23	24	25	26	27	28
29	30	31	1	2	3	4

Monday 18

Tuesday 19

Wednesday 20

Thursday 21

Friday 22

Earth Day

Saturday 23

St. George's Day (UK)

First Day of Passover

Sunday 24

May 2005

Sunday	Monday	Tuesday	Wednesday	Thursday	Friday	Saturday
1 Last Day of Passover Easter (Orthodox)	2 Labour Day (Australia—QLD) Early May Bank Holiday (Eire, UK)	3	4	5	6	7
8 Mother's Day (USA, Australia, Canada, NZ)	9	10	11	12	13	14
15	16	17	18	19	20	21 Armed Forces Day (USA)
22	23 Victoria Day (Canada)	24	25	26	27	28
29	30 Memorial Day (USA) Spring Bank Holiday (UK)	31	1	2	3	4

April 2005

S	M	T	W	T	F	S
27	28	29	30	31	1	2
3	4	5	6	7	8	9
10	11	12	13	14	15	16
17	18	19	20	21	22	23
24	25	26	27	28	29	30

Notes

June 2005

S	M	T	W	T	F	S
29	30	31	1	2	3	4
5	6	7	8	9	10	11
12	13	14	15	16	17	18
19	20	21	22	23	24	25
26	27	28	29	30	1	2

Notes

"Hey, who's that? … Oh—Mitch, the janitor.
Well, our first test run has just gotten a little more interesting."

April-May 2005

April 2005						
S	M	T	W	T	F	S
27	28	29	30	31	1	2
3	4	5	6	7	8	9
10	11	12	13	14	15	16
17	18	19	20	21	22	23
24	25	26	27	28	29	30

May 2005						
S	M	T	W	T	F	S
1	2	3	4	5	6	7
8	9	10	11	12	13	14
15	16	17	18	19	20	21
22	23	24	25	26	27	28
29	30	31	1	2	3	4

Monday
25
Anzac Day (Australia, NZ)

Tuesday
26

Wednesday
27

Thursday
28

Friday
29
Holy Friday (Orthodox)

Saturday
30

Sunday
1
Last Day of Passover
Easter (Orthodox)

Tragedy struck when Conroy, his mind preoccupied with work, stepped into the elevator—directly between a female grizzly and her cub.

May 2005						
S	M	T	W	T	F	S
1	2	3	4	5	6	7
8	9	10	11	12	13	14
15	16	17	18	19	20	21
22	23	24	25	26	27	28
29	30	31	1	2	3	4

May 2005

June 2005						
S	M	T	W	T	F	S
29	30	31	1	2	3	4
5	6	7	8	9	10	11
12	13	14	15	16	17	18
19	20	21	22	23	24	25
26	27	28	29	30	1	2

Monday
2

Labour Day (Australia—QLD)
Early May Bank Holiday (Eire, UK)

Tuesday
3

Wednesday
4

Thursday
5

Friday
6

Saturday
7

Mother's Day (USA, Australia, Canada, NZ)

Sunday
8

"Well, there is some irony in all this, you know. …
I mean, we *both* lose a contact at the same time?!"

May 2005						
S	M	T	W	T	F	S
1	2	3	4	5	6	7
8	9	10	11	12	13	14
15	16	17	18	19	20	21
22	23	24	25	26	27	28
29	30	31	1	2	3	4

May 2005

June 2005						
S	M	T	W	T	F	S
29	30	31	1	2	3	4
5	6	7	8	9	10	11
12	13	14	15	16	17	18
19	20	21	22	23	24	25
26	27	28	29	30	1	2

Monday
9

Tuesday
10

Wednesday
11

Thursday
12

Friday
13

Saturday
14

Sunday
15

What to do today... what to do...
Larson

May 2005

May 2005						
S	M	T	W	T	F	S
1	2	3	4	5	6	7
8	9	10	11	12	13	14
15	16	17	18	19	20	21
22	23	24	25	26	27	28
29	30	31	1	2	3	4

June 2005						
S	M	T	W	T	F	S
29	30	31	1	2	3	4
5	6	7	8	9	10	11
12	13	14	15	16	17	18
19	20	21	22	23	24	25
26	27	28	29	30	1	2

Monday
16

Tuesday
17

Wednesday
18

Thursday
19

Friday
20

Saturday
21

Armed Forces Day (USA)

Sunday
22

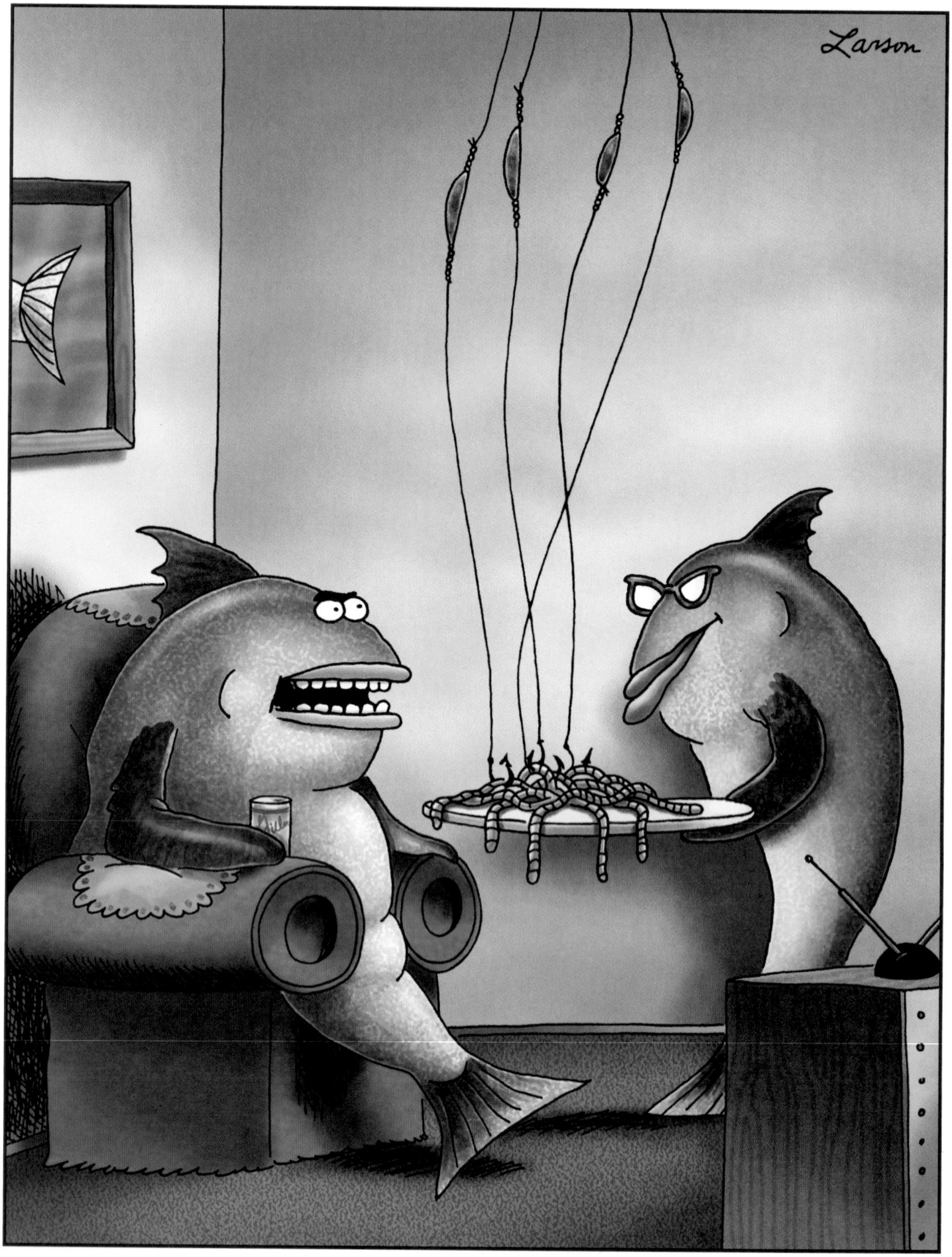

"More worms? ... Saaaaaaaaay—why are you being so nice to me all of a sudden?"

May 2005

May 2005

S	M	T	W	T	F	S
1	2	3	4	5	6	7
8	9	10	11	12	13	14
15	16	17	18	19	20	21
22	23	24	25	26	27	28
29	30	31	1	2	3	4

June 2005

S	M	T	W	T	F	S
29	30	31	1	2	3	4
5	6	7	8	9	10	11
12	13	14	15	16	17	18
19	20	21	22	23	24	25
26	27	28	29	30	1	2

Monday 23

Victoria Day (Canada)

Tuesday 24

Wednesday 25

Thursday 26

Friday 27

Saturday 28

Sunday 29

June 2005

Sunday	Monday	Tuesday	Wednesday	Thursday	Friday	Saturday
29	30	31	1	2	3	4
5	6 Queen's Birthday (NZ) Foundation Day (Australia—WA) Bank Holiday (Eire)	7	8	9	10	11
12	13 Queen's Birthday (Australia—except WA)	14 Flag Day (USA)	15	16	17	18
19 Father's Day (USA, Canada, UK)	20	21	22	23	24	25
26	27	28	29	30	1	2

May 2005

S	M	T	W	T	F	S
1	2	3	4	5	6	7
8	9	10	11	12	13	14
15	16	17	18	19	20	21
22	23	24	25	26	27	28
29	30	31	1	2	3	4

Notes

July 2005

S	M	T	W	T	F	S
26	27	28	29	30	1	2
3	4	5	6	7	8	9
10	11	12	13	14	15	16
17	18	19	20	21	22	23
24/31	25	26	27	28	29	30

Notes

Larson
BEWARE
OF
DOUG
ACME
SALES CO

May-June 2005

May 2005

S	M	T	W	T	F	S
1	2	3	4	5	6	7
8	9	10	11	12	13	14
15	16	17	18	19	20	21
22	23	24	25	26	27	28
29	30	31	1	2	3	4

June 2005

S	M	T	W	T	F	S
29	30	31	1	2	3	4
5	6	7	8	9	10	11
12	13	14	15	16	17	18
19	20	21	22	23	24	25
26	27	28	29	30	1	2

Monday 30

Memorial Day (USA)
Spring Bank Holiday (UK)

Tuesday 31

Wednesday 1

Thursday 2

Friday 3

Saturday 4

Sunday 5

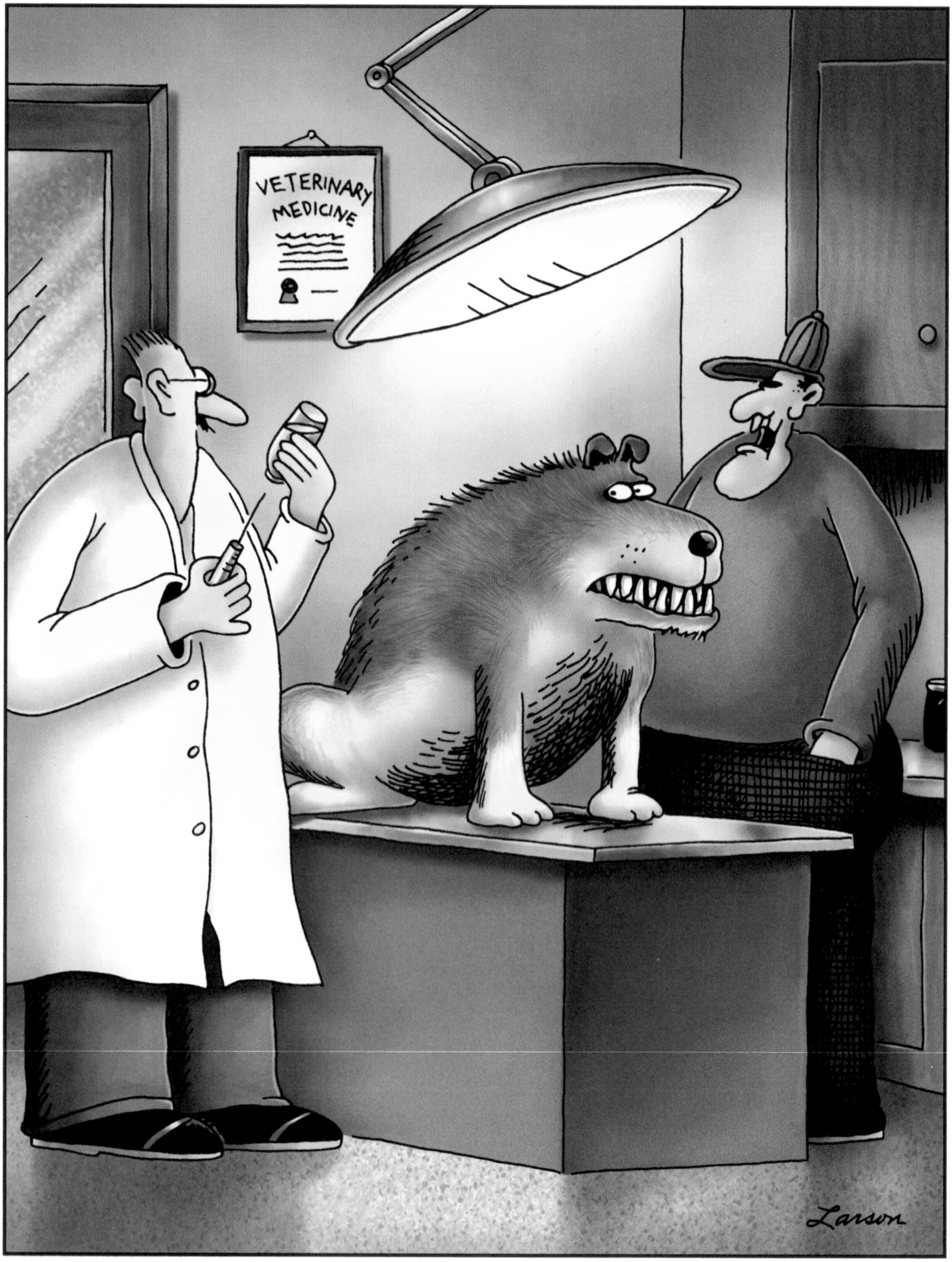

"Whoa! Is that a needle, Doc? 'Cause Zack don't *like* needles."

June 2005

June 2005						
S	M	T	W	T	F	S
29	30	31	1	2	3	4
5	6	7	8	9	10	11
12	13	14	15	16	17	18
19	20	21	22	23	24	25
26	27	28	29	30	1	2

July 2005						
S	M	T	W	T	F	S
26	27	28	29	30	1	2
3	4	5	6	7	8	9
10	11	12	13	14	15	16
17	18	19	20	21	22	23
24/31	25	26	27	28	29	30

Monday
6

Queen's Birthday (NZ)
Foundation Day (Australia—WA)
Bank Holiday (Eire)

Tuesday
7

Wednesday
8

Thursday
9

Friday
10

Saturday
11

Sunday
12

"I just don't like it, Al. ... Whenever Billy goes outside, the new neighbors seem compelled to watch every little thing he does."

June 2005

June 2005						
S	M	T	W	T	F	S
29	30	31	1	2	3	4
5	6	7	8	9	10	11
12	13	14	15	16	17	18
19	20	21	22	23	24	25
26	27	28	29	30	1	2

July 2005						
S	M	T	W	T	F	S
26	27	28	29	30	1	2
3	4	5	6	7	8	9
10	11	12	13	14	15	16
17	18	19	20	21	22	23
24/31	25	26	27	28	29	30

Monday
13
Queen's Birthday (Australia—except WA)

Tuesday
14
Flag Day (USA)

Wednesday
15

Thursday
16

Friday
17

Saturday
18

Sunday
19
Father's Day (USA, Canada, UK)

"See, Frank? Keep the light in their eyes
and you can bag them without any trouble at all."

June 2005

June 2005

S	M	T	W	T	F	S
29	30	31	1	2	3	4
5	6	7	8	9	10	11
12	13	14	15	16	17	18
19	20	21	22	23	24	25
26	27	28	29	30	1	2

July 2005

S	M	T	W	T	F	S
26	27	28	29	30	1	2
3	4	5	6	7	8	9
10	11	12	13	14	15	16
17	18	19	20	21	22	23
24/31	25	26	27	28	29	30

Monday 20

Tuesday 21

Bex B.day.

Wednesday 22

Thursday 23

Friday 24

Saturday 25

Sunday 26

July 2005

Sunday	Monday	Tuesday	Wednesday	Thursday	Friday	Saturday
26	27	28	29	30	1 Canada Day	2
3	4 Independence Day (USA)	5	6	7	8	9
10	11	12 Battle of the Boyne Day (Northern Ireland)	13	14	15	16
17	18	19	20	21	22	23
24 / 31	25	26	27	28	29	30

June 2005

S	M	T	W	T	F	S
29	30	31	1	2	3	4
5	6	7	8	9	10	11
12	13	14	15	16	17	18
19	20	21	22	23	24	25
26	27	28	29	30	1	2

Notes

August 2005

S	M	T	W	T	F	S
31	1	2	3	4	5	6
7	8	9	10	11	12	13
14	15	16	17	18	19	20
21	22	23	24	25	26	27
28	29	30	31	1	2	3

Notes

"Not too close, Higgins. … This one's got a knife."

June-July 2005

June 2005

S	M	T	W	T	F	S
29	30	31	1	2	3	4
5	6	7	8	9	10	11
12	13	14	15	16	17	18
19	20	21	22	23	24	25
26	27	28	29	30	1	2

July 2005

S	M	T	W	T	F	S
26	27	28	29	30	1	2
3	4	5	6	7	8	9
10	11	12	13	14	15	16
17	18	19	20	21	22	23
24/31	25	26	27	28	29	30

Monday
27

Tuesday
28

Wednesday
29

Thursday
30

Friday
1

Canada Day

Saturday
2

Sunday
3

In his heart, Willy knew the ants were being very foolish.

July 2005						
S	M	T	W	T	F	S
26	27	28	29	30	1	2
3	4	5	6	7	8	9
10	11	12	13	14	15	16
17	18	19	20	21	22	23
24/31	25	26	27	28	29	30

July 2005

August 2005						
S	M	T	W	T	F	S
31	1	2	3	4	5	6
7	8	9	10	11	12	13
14	15	16	17	18	19	20
21	22	23	24	25	26	27
28	29	30	31	1	2	3

Monday
4

Independence Day (USA)

Tuesday
5

Wednesday
6

Thursday
7

Friday
8

Saturday
9

Sunday
10

"Listen out there! We're George and Harriet Miller! We just dropped in on the pigs for coffee! We're coming out! … We don't want trouble!"

July 2005

July 2005						
S	M	T	W	T	F	S
26	27	28	29	30	1	2
3	4	5	6	7	8	9
10	11	12	13	14	15	16
17	18	19	20	21	22	23
24/31	25	26	27	28	29	30

August 2005						
S	M	T	W	T	F	S
31	1	2	3	4	5	6
7	8	9	10	11	12	13
14	15	16	17	18	19	20
21	22	23	24	25	26	27
28	29	30	31	1	2	3

Monday 11

Tuesday 12

Battle of the Boyne Day (Northern Ireland)

Wednesday 13

Thursday 14

Friday 15

Saturday 16

Sunday 17

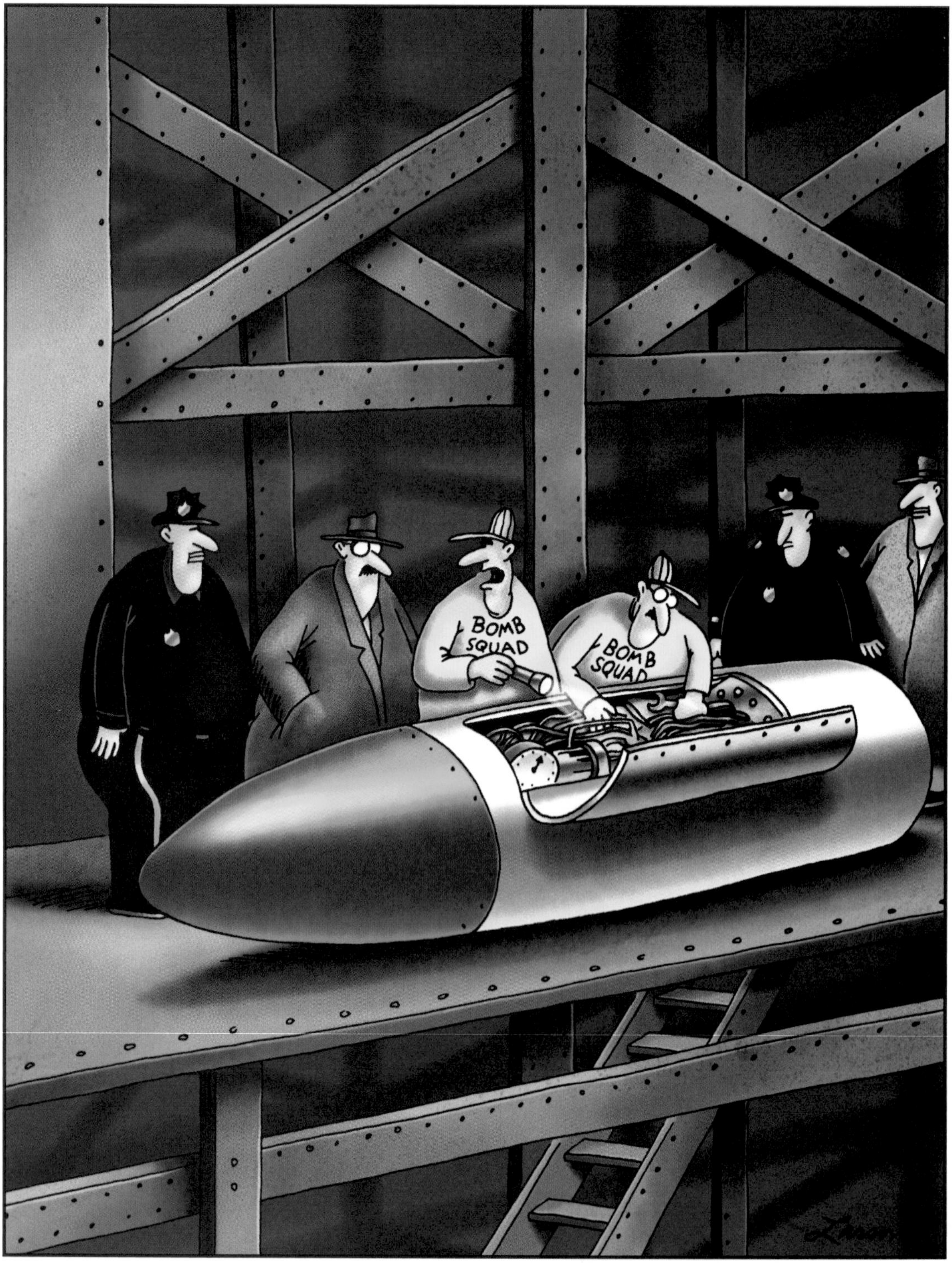

"Well, it's a delicate situation, sir. ... Sophisticated firing system, hair-trigger mechanisms, and Bob's wife just left him last night, so you *know* his head's not into this."

July 2005						
S	M	T	W	T	F	S
26	27	28	29	30	1	2
3	4	5	6	7	8	9
10	11	12	13	14	15	16
17	18	19	20	21	22	23
24/31	25	26	27	28	29	30

July 2005

August 2005						
S	M	T	W	T	F	S
31	1	2	3	4	5	6
7	8	9	10	11	12	13
14	15	16	17	18	19	20
21	22	23	24	25	26	27
28	29	30	31	1	2	3

Monday
18

Tuesday
19

Wednesday
20

Thursday
21

Friday
22

Saturday
23

Sunday
24

"Oh, Laaaaaarrrrrry … I think you should look up niiiiiice and eaaaaasy and see what's right … over … your … head."

July 2005						
S	M	T	W	T	F	S
26	27	28	29	30	1	2
3	4	5	6	7	8	9
10	11	12	13	14	15	16
17	18	19	20	21	22	23
24/31	25	26	27	28	29	30

July 2005

August 2005						
S	M	T	W	T	F	S
31	1	2	3	4	5	6
7	8	9	10	11	12	13
14	15	16	17	18	19	20
21	22	23	24	25	26	27
28	29	30	31	1	2	3

Monday
25

Tuesday
26

Wednesday
27

Thursday
28

Friday
29

Saturday
30

Sunday
31

August 2005

Sunday	Monday	Tuesday	Wednesday	Thursday	Friday	Saturday
31	1 Bank Holiday (Eire, Scotland, Australia—NSW, ACT) Picnic Day (Australia—NT)	2	3	4	5	6
7	8	9	10	11	12	13
14	15	16	17	18	19	20
21	22	23	24	25	26	27
28	29 Summer Bank Holiday (UK)	30	31	1	2	3

July 2005

S	M	T	W	T	F	S
26	27	28	29	30	1	2
3	4	5	6	7	8	9
10	11	12	13	14	15	16
17	18	19	20	21	22	23
24/31	25	26	27	28	29	30

Notes

September 2005

S	M	T	W	T	F	S
28	29	30	31	1	2	3
4	5	6	7	8	9	10
11	12	13	14	15	16	17
18	19	20	21	22	23	24
25	26	27	28	29	30	1

Notes

The primitive game of "Kiss-the-mammoth-and-run"

August 2005						
S	M	T	W	T	F	S
31	1	2	3	4	5	6
7	8	9	10	11	12	13
14	15	16	17	18	19	20
21	22	23	24	25	26	27
28	29	30	31	1	2	3

August 2005

September 2005						
S	M	T	W	T	F	S
28	29	30	31	1	2	3
4	5	6	7	8	9	10
11	12	13	14	15	16	17
18	19	20	21	22	23	24
25	26	27	28	29	30	1

Monday
1

Bank Holiday (Eire, Scotland, Australia—NSW, ACT)
Picnic Day (Australia—NT)

Tuesday
2

Wednesday
3

Thursday
4

Friday
5

Saturday
6

Sunday
7

"Hey! What have I told you kids about screwing around in front of that window?"

August 2005

August 2005						
S	M	T	W	T	F	S
31	1	2	3	4	5	6
7	8	9	10	11	12	13
14	15	16	17	18	19	20
21	22	23	24	25	26	27
28	29	30	31	1	2	3

September 2005						
S	M	T	W	T	F	S
28	29	30	31	1	2	3
4	5	6	7	8	9	10
11	12	13	14	15	16	17
18	19	20	21	22	23	24
25	26	27	28	29	30	1

Monday
8

Tuesday
9

Wednesday
10

Thursday
11

Friday
12

Saturday
13

Sunday
14

"Got him, Byron! It's something in the *Vespula* genus, all right—
and ooooweeeee does he look mad!"

August 2005

August 2005						
S	M	T	W	T	F	S
31	1	2	3	4	5	6
7	8	9	10	11	12	13
14	15	16	17	18	19	20
21	22	23	24	25	26	27
28	29	30	31	1	2	3

September 2005						
S	M	T	W	T	F	S
28	29	30	31	1	2	3
4	5	6	7	8	9	10
11	12	13	14	15	16	17
18	19	20	21	22	23	24
25	26	27	28	29	30	1

Monday
15

Tuesday
16

Wednesday
17

Thursday
18

Friday
19

Saturday
20

Sunday
21

On the next pass, however, Helen failed to clear the mountains.

August 2005

August 2005						
S	M	T	W	T	F	S
31	1	2	3	4	5	6
7	8	9	10	11	12	13
14	15	16	17	18	19	20
21	22	23	24	25	26	27
28	29	30	31	1	2	3

September 2005						
S	M	T	W	T	F	S
28	29	30	31	1	2	3
4	5	6	7	8	9	10
11	12	13	14	15	16	17
18	19	20	21	22	23	24
25	26	27	28	29	30	1

Monday
22

Tuesday
23

Wednesday
24

Thursday
25

Friday
26

Saturday
27

Sunday
28

September 2005

Sunday	Monday	Tuesday	Wednesday	Thursday	Friday	Saturday
28	29	30	31	1	2	3
4 Father's Day (Australia, NZ)	5 Labor Day (USA, Canada)	6	7	8	9	10
11	12	13	14	15	16	17
18	19	20	21	22	23	24
25	26	27	28	29	30	1

August 2005

S	M	T	W	T	F	S
31	1	2	3	4	5	6
7	8	9	10	11	12	13
14	15	16	17	18	19	20
21	22	23	24	25	26	27
28	29	30	31	1	2	3

Notes

October 2005

S	M	T	W	T	F	S
25	26	27	28	29	30	1
2	3	4	5	6	7	8
9	10	11	12	13	14	15
16	17	18	19	20	21	22
23/30	24/31	25	26	27	28	29

Notes

The hazards of teaching young Neanderthals

August 2005

S	M	T	W	T	F	S
31	1	2	3	4	5	6
7	8	9	10	11	12	13
14	15	16	17	18	19	20
21	22	23	24	25	26	27
28	29	30	31	1	2	3

Aug-Sept 2005

September 2005

S	M	T	W	T	F	S
28	29	30	31	1	2	3
4	5	6	7	8	9	10
11	12	13	14	15	16	17
18	19	20	21	22	23	24
25	26	27	28	29	30	1

Monday 29

Summer Bank Holiday (UK)

Tuesday 30

Wednesday 31

Thursday 1

Friday 2

Saturday 3

Sunday 4

Father's Day (Australia, NZ)

"My project's ready for grading, Mr. Big Nose. …
Hey! I'm talkin' to YOU, squidbrain!"

September 2005

S	M	T	W	T	F	S
28	29	30	31	1	2	3
4	5	6	7	8	9	10
11	12	13	14	15	16	17
18	19	20	21	22	23	24
25	26	27	28	29	30	1

September 2005

October 2005

S	M	T	W	T	F	S
25	26	27	28	29	30	1
2	3	4	5	6	7	8
9	10	11	12	13	14	15
16	17	18	19	20	21	22
23/30	24/31	25	26	27	28	29

Monday 5

Labor Day (USA, Canada)

Tuesday 6

Wednesday 7

Thursday 8

Friday 9

Saturday 10

Sunday 11

Larson
Now balance it until I say... Don't move... easy... easy... doooooooon't mooooooove... easy... eaaaaasssssy...
This is it... I'm going to kill him.
DOG

September 2005						
S	M	T	W	T	F	S
28	29	30	31	1	2	3
4	5	6	7	8	9	10
11	12	13	14	15	16	17
18	19	20	21	22	23	24
25	26	27	28	29	30	1

September 2005

October 2005						
S	M	T	W	T	F	S
25	26	27	28	29	30	1
2	3	4	5	6	7	8
9	10	11	12	13	14	15
16	17	18	19	20	21	22
23/30	24/31	25	26	27	28	29

Monday 12

Tuesday 13

Wednesday 14

Thursday 15

Friday 16

Saturday 17

Sunday 18

Larson

September 2005

September 2005

S	M	T	W	T	F	S
28	29	30	31	1	2	3
4	5	6	7	8	9	10
11	12	13	14	15	16	17
18	19	20	21	22	23	24
25	26	27	28	29	30	1

October 2005

S	M	T	W	T	F	S
25	26	27	28	29	30	1
2	3	4	5	6	7	8
9	10	11	12	13	14	15
16	17	18	19	20	21	22
23/30	24/31	25	26	27	28	29

Monday 19

Tuesday 20

Wednesday 21

Thursday 22

Friday 23

Saturday 24

Sunday 25

October 2005

Sunday	Monday	Tuesday	Wednesday	Thursday	Friday	Saturday
25	26	27	28	29	30	1
2	3 Queen's Birthday (Australia—WA) Labour Day (Australia—ACT, NSW, SA)	4 Rosh Hashanah begins	5 Rosh Hashanah ends	6	7	8
9	10 Columbus Day (USA) Thanksgiving (Canada)	11	12	13 Yom Kippur	14	15
16	17	18	19	20	21	22
23	24 United Nations Day Labour Day (NZ)	25	26	27	28	29
30	31 Halloween					

Notes

September 2005

S	M	T	W	T	F	S
28	29	30	31	1	2	3
4	5	6	7	8	9	10
11	12	13	14	15	16	17
18	19	20	21	22	23	24
25	26	27	28	29	30	1

November 2005

S	M	T	W	T	F	S
30	31	1	2	3	4	5
6	7	8	9	10	11	12
13	14	15	16	17	18	19
20	21	22	23	24	25	26
27	28	29	30	1	2	3

Notes

"Hello, Emily. This is Gladys Murphy up the street. Fine, thanks. …
Say, Emily, could you go to your window and describe what's in my front yard?"

Sept-Oct 2005

September 2005

S	M	T	W	T	F	S
28	29	30	31	1	2	3
4	5	6	7	8	9	10
11	12	13	14	15	16	17
18	19	20	21	22	23	24
25	26	27	28	29	30	1

October 2005

S	M	T	W	T	F	S
25	26	27	28	29	30	1
2	3	4	5	6	7	8
9	10	11	12	13	14	15
16	17	18	19	20	21	22
23/30	24/31	25	26	27	28	29

Monday
26

Tuesday
27

Wednesday
28

Thursday
29

Friday
30

Saturday
1

Sunday
2

Larson
Another chicken-leg bone... I think she's trying to kill me.

October 2005

October 2005						
S	M	T	W	T	F	S
25	26	27	28	29	30	1
2	3	4	5	6	7	8
9	10	11	12	13	14	15
16	17	18	19	20	21	22
23/30	24/31	25	26	27	28	29

November 2005						
S	M	T	W	T	F	S
30	31	1	2	3	4	5
6	7	8	9	10	11	12
13	14	15	16	17	18	19
20	21	22	23	24	25	26
27	28	29	30	1	2	3

Monday 3

Queen's Birthday (Australia—WA)
Labour Day (Australia—ACT, NSW, SA)

Tuesday 4

Rosh Hashanah begins

Wednesday 5

Rosh Hashanah ends

Thursday 6

Friday 7

Saturday 8

Sunday 9

"Relax, Worthington. … As the warm, moist air from the jungle enters the cave, the cool, denser air inside forces it to rise, resulting in turbulence that sounds not unlike heavy breathing."

October 2005

October 2005						
S	M	T	W	T	F	S
25	26	27	28	29	30	1
2	3	4	5	6	7	8
9	10	11	12	13	14	15
16	17	18	19	20	21	22
23/30	24/31	25	26	27	28	29

November 2005						
S	M	T	W	T	F	S
30	31	1	2	3	4	5
6	7	8	9	10	11	12
13	14	15	16	17	18	19
20	21	22	23	24	25	26
27	28	29	30	1	2	3

Monday 10

Columbus Day (USA)
Thanksgiving (Canada)

Tuesday 11

Wednesday 12

Thursday 13

Yom Kippur

Friday 14

Saturday 15

Sunday 16

"And down here we keep Fluffy. … We're afraid he may have gone mad."

October 2005						
S	M	T	W	T	F	S
25	26	27	28	29	30	1
2	3	4	5	6	7	8
9	10	11	12	13	14	15
16	17	18	19	20	21	22
23/30	24/31	25	26	27	28	29

October 2005

November 2005						
S	M	T	W	T	F	S
30	31	1	2	3	4	5
6	7	8	9	10	11	12
13	14	15	16	17	18	19
20	21	22	23	24	25	26
27	28	29	30	1	2	3

Monday
17

Tuesday
18

Wednesday
19

Thursday
20

Friday
21

Saturday
22

Sunday
23

It was an innocent mistake, but nevertheless, a moment later
Maurice found himself receiving the full brunt of the mummy's wrath.

October 2005

October 2005						
S	M	T	W	T	F	S
25	26	27	28	29	30	1
2	3	4	5	6	7	8
9	10	11	12	13	14	15
16	17	18	19	20	21	22
23/30	24/31	25	26	27	28	29

November 2005						
S	M	T	W	T	F	S
30	31	1	2	3	4	5
6	7	8	9	10	11	12
13	14	15	16	17	18	19
20	21	22	23	24	25	26
27	28	29	30	1	2	3

Monday 24

United Nations Day
Labour Day (NZ)

Tuesday 25

Wednesday 26

Thursday 27

Friday 28

Saturday 29

Sunday 30

November 2005

Sunday	Monday	Tuesday	Wednesday	Thursday	Friday	Saturday
30	31	1	2	3	4	5
6	7	8 Election Day (USA)	9	10	11 Veterans' Day (USA) Remembrance Day (Canada, UK)	12
13	14	15	16	17	18	19
20	21	22	23	24 Thanksgiving (USA)	25	26
27	28	29	30 St. Andrew's Day (UK)	1	2	3

Notes

October 2005

S	M	T	W	T	F	S
25	26	27	28	29	30	1
2	3	4	5	6	7	8
9	10	11	12	13	14	15
16	17	18	19	20	21	22
23/30	24/31	25	26	27	28	29

December 2005

S	M	T	W	T	F	S
27	28	29	30	1	2	3
4	5	6	7	8	9	10
11	12	13	14	15	16	17
18	19	20	21	22	23	24
25	26	27	28	29	30	31

Notes

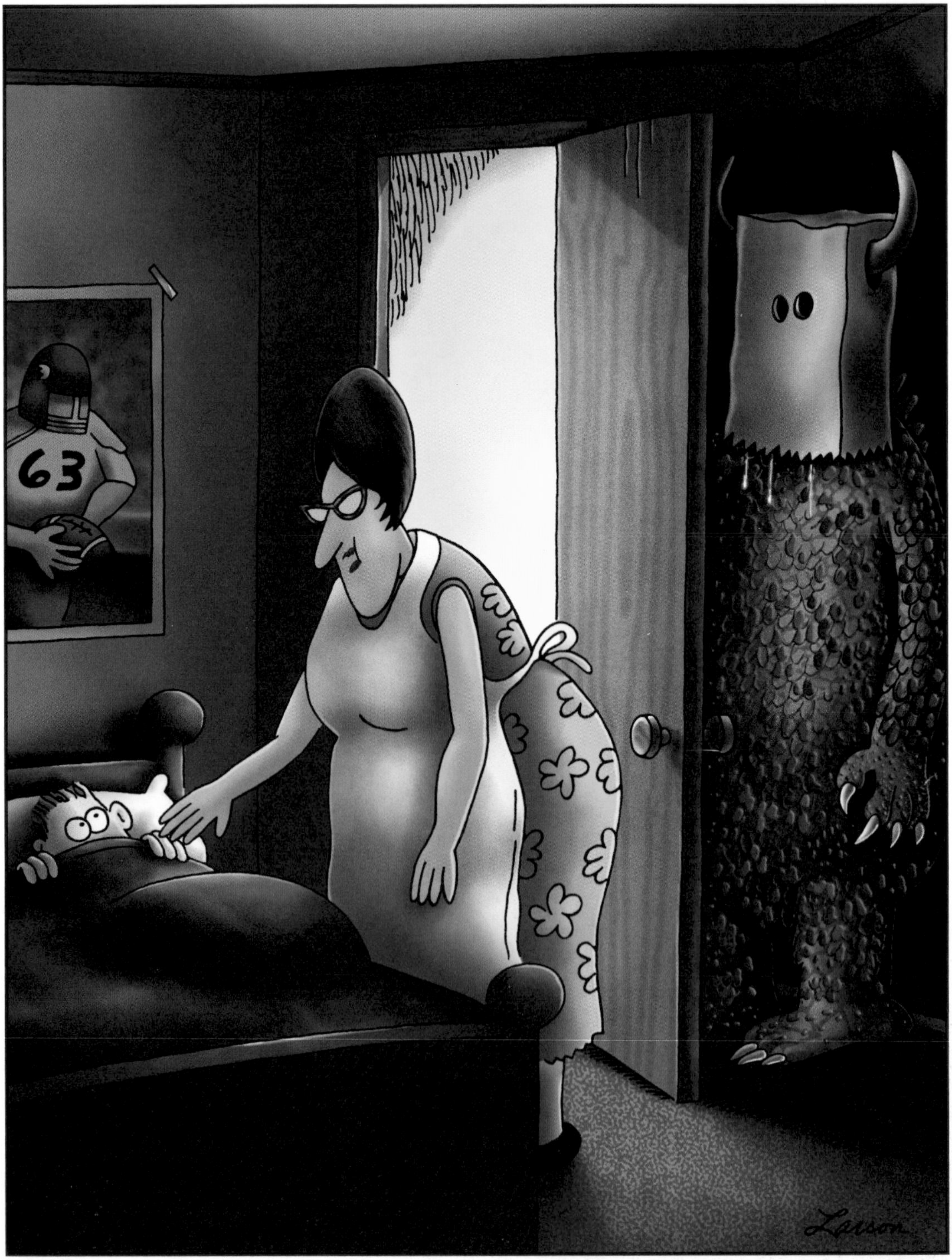

"Now now, Billy. … How could you have seen a monster if you can't even describe him?"

Oct-Nov 2005

October 2005

S	M	T	W	T	F	S
25	26	27	28	29	30	1
2	3	4	5	6	7	8
9	10	11	12	13	14	15
16	17	18	19	20	21	22
23/30	24/31	25	26	27	28	29

November 2005

S	M	T	W	T	F	S
30	31	1	2	3	4	5
6	7	8	9	10	11	12
13	14	15	16	17	18	19
20	21	22	23	24	25	26
27	28	29	30	1	2	3

Monday
31
Halloween

Tuesday
1

Wednesday
2

Thursday
3

Friday
4

Saturday
5

Sunday
6

Larson

November 2005

November 2005						
S	M	T	W	T	F	S
30	31	1	2	3	4	5
6	7	8	9	10	11	12
13	14	15	16	17	18	19
20	21	22	23	24	25	26
27	28	29	30	1	2	3

December 2005						
S	M	T	W	T	F	S
27	28	29	30	1	2	3
4	5	6	7	8	9	10
11	12	13	14	15	16	17
18	19	20	21	22	23	24
25	26	27	28	29	30	31

Monday
7

Tuesday
8

Election Day (USA)

Wednesday
9

Thursday
10

Friday
11

Veterans' Day (USA)
Remembrance Day (Canada, UK)

Saturday
12

Sunday
13

To Ernie's horror, and the ultimate disaster of all,
one more elephant tried to squeeze on.

November 2005

S	M	T	W	T	F	S
30	31	1	2	3	4	5
6	7	8	9	10	11	12
13	14	15	16	17	18	19
20	21	22	23	24	25	26
27	28	29	30	1	2	3

November 2005

December 2005

S	M	T	W	T	F	S
27	28	29	30	1	2	3
4	5	6	7	8	9	10
11	12	13	14	15	16	17
18	19	20	21	22	23	24
25	26	27	28	29	30	31

Monday
14

Tuesday
15

Wednesday
16

Thursday
17

Friday
18

Saturday
19

Sunday
20

"Fair is fair, Larry. ... We're out of food, we drew straws—you lost."

November 2005

S	M	T	W	T	F	S
30	31	1	2	3	4	5
6	7	8	9	10	11	12
13	14	15	16	17	18	19
20	21	22	23	24	25	26
27	28	29	30	1	2	3

November 2005

December 2005

S	M	T	W	T	F	S
27	28	29	30	1	2	3
4	5	6	7	8	9	10
11	12	13	14	15	16	17
18	19	20	21	22	23	24
25	26	27	28	29	30	31

Monday
21

Tuesday
22

Wednesday
23

Thursday
24

Thanksgiving (USA)

Friday
25

Saturday
26

Sunday
27

December 2005

Sunday	Monday	Tuesday	Wednesday	Thursday	Friday	Saturday
27	28	29	30	1	2	3
4	5	6	7	8	9	10 Human Rights Day
11	12	13	14	15	16	17
18	19	20	21	22	23	24 Christmas Eve
25 Christmas Day	26 First Day of Hanukkah Kwanzaa begins (USA) Boxing Day (Canada, NZ, UK, Australia—except SA) Proclamation Day (Australia—SA)	27	28	29	30	31

November 2005

S	M	T	W	T	F	S
30	31	1	2	3	4	5
6	7	8	9	10	11	12
13	14	15	16	17	18	19
20	21	22	23	24	25	26
27	28	29	30	1	2	3

Notes

January 2006

S	M	T	W	T	F	S
1	2	3	4	5	6	7
8	9	10	11	12	13	14
15	16	17	18	19	20	21
22	23	24	25	26	27	28
29	30	31	1	2	3	4

Notes

All riiiiiiiiight!
ACME SANDBLASTER
Larson

Nov-Dec 2005

November 2005

S	M	T	W	T	F	S
30	31	1	2	3	4	5
6	7	8	9	10	11	12
13	14	15	16	17	18	19
20	21	22	23	24	25	26
27	28	29	30	1	2	3

December 2005

S	M	T	W	T	F	S
27	28	29	30	1	2	3
4	5	6	7	8	9	10
11	12	13	14	15	16	17
18	19	20	21	22	23	24
25	26	27	28	29	30	31

Monday
28

Tuesday
29

Wednesday
30

St. Andrew's Day (UK)

Thursday
1

Friday
2

Saturday
3

Sunday
4

Early piñatas

December 2005

December 2005

S	M	T	W	T	F	S
27	28	29	30	1	2	3
4	5	6	7	8	9	10
11	12	13	14	15	16	17
18	19	20	21	22	23	24
25	26	27	28	29	30	31

January 2006

S	M	T	W	T	F	S
1	2	3	4	5	6	7
8	9	10	11	12	13	14
15	16	17	18	19	20	21
22	23	24	25	26	27	28
29	30	31	1	2	3	4

Monday 5

Tuesday 6

Wednesday 7

Thursday 8

Friday 9

Saturday 10

Human Rights Day

Sunday 11

"Sidney! I made a mistake! … Deposit the $50 *check* into savings, and put the $500 in *cash* into checking!"

December 2005						
S	M	T	W	T	F	S
27	28	29	30	1	2	3
4	5	6	7	8	9	10
11	12	13	14	15	16	17
18	19	20	21	22	23	24
25	26	27	28	29	30	31

December 2005

January 2006						
S	M	T	W	T	F	S
1	2	3	4	5	6	7
8	9	10	11	12	13	14
15	16	17	18	19	20	21
22	23	24	25	26	27	28
29	30	31	1	2	3	4

Monday
12

Tuesday
13

Wednesday
14

Thursday
15

Friday
16

Saturday
17

Sunday
18

“Well, hey … these things just snap right off.”

December 2005						
S	M	T	W	T	F	S
27	28	29	30	1	2	3
4	5	6	7	8	9	10
11	12	13	14	15	16	17
18	19	20	21	22	23	24
25	26	27	28	29	30	31

December 2005

January 2006						
S	M	T	W	T	F	S
1	2	3	4	5	6	7
8	9	10	11	12	13	14
15	16	17	18	19	20	21
22	23	24	25	26	27	28
29	30	31	1	2	3	4

Monday
19

Tuesday
20

Wednesday
21

Thursday
22

Friday
23

Saturday
24

Christmas Eve

Christmas Day

Sunday
25

"Hang on, Betty. ... Someone's bound to see us eventually."

Dec 2005-Jan 2006

December 2005						
S	M	T	W	T	F	S
27	28	29	30	1	2	3
4	5	6	7	8	9	10
11	12	13	14	15	16	17
18	19	20	21	22	23	24
25	26	27	28	29	30	31

January 2006						
S	M	T	W	T	F	S
1	2	3	4	5	6	7
8	9	10	11	12	13	14
15	16	17	18	19	20	21
22	23	24	25	26	27	28
29	30	31	1	2	3	4

Monday 26

First Day of Hanukkah
Kwanzaa begins (USA)
Boxing Day (Canada, NZ, UK, Australia—except SA)
Proclamation Day (Australia—SA)

Tuesday 27

Wednesday 28

Thursday 29

Friday 30

Saturday 31

New Year's Day
Kwanzaa ends (USA)

Sunday 1

January 2006

February 2006

March 2006

April 2006

May 2006

June 2006

July 2006

August 2006

September 2006

October 2006

November 2006

December 2006

January 2004

S	M	T	W	T	F	S
28	29	30	31	1	2	3
4	5	6	7	8	9	10
11	12	13	14	15	16	17
18	19	20	21	22	23	24
25	26	27	28	29	30	31

February 2004

S	M	T	W	T	F	S
1	2	3	4	5	6	7
8	9	10	11	12	13	14
15	16	17	18	19	20	21
22	23	24	25	26	27	28
29	1	2	3	4	5	6

March 2004

S	M	T	W	T	F	S
29	1	2	3	4	5	6
7	8	9	10	11	12	13
14	15	16	17	18	19	20
21	22	23	24	25	26	27
28	29	30	31	1	2	3

April 2004

S	M	T	W	T	F	S
28	29	30	31	1	2	3
4	5	6	7	8	9	10
11	12	13	14	15	16	17
18	19	20	21	22	23	24
25	26	27	28	29	30	1

May 2004

S	M	T	W	T	F	S
25	26	27	28	29	30	1
2	3	4	5	6	7	8
9	10	11	12	13	14	15
16	17	18	19	20	21	22
23/30	24/31	25	26	27	28	29

June 2004

S	M	T	W	T	F	S
30	31	1	2	3	4	5
6	7	8	9	10	11	12
13	14	15	16	17	18	19
20	21	22	23	24	25	26
27	28	29	30	1	2	3

July 2004

S	M	T	W	T	F	S
27	28	29	30	1	2	3
4	5	6	7	8	9	10
11	12	13	14	15	16	17
18	19	20	21	22	23	24
25	26	27	28	29	30	31

August 2004

S	M	T	W	T	F	S
1	2	3	4	5	6	7
8	9	10	11	12	13	14
15	16	17	18	19	20	21
22	23	24	25	26	27	28
29	30	31	1	2	3	4

September 2004

S	M	T	W	T	F	S
29	30	31	1	2	3	4
5	6	7	8	9	10	11
12	13	14	15	16	17	18
19	20	21	22	23	24	25
26	27	28	29	30	1	2

October 2004

S	M	T	W	T	F	S
26	27	28	29	30	1	2
3	4	5	6	7	8	9
10	11	12	13	14	15	16
17	18	19	20	21	22	23
24/31	25	26	27	28	29	30

November 2004

S	M	T	W	T	F	S
31	1	2	3	4	5	6
7	8	9	10	11	12	13
14	15	16	17	18	19	20
21	22	23	24	25	26	27
28	29	30	1	2	3	4

December 2004

S	M	T	W	T	F	S
28	29	30	1	2	3	4
5	6	7	8	9	10	11
12	13	14	15	16	17	18
19	20	21	22	23	24	25
26	27	28	29	30	31	1

January 2005

S	M	T	W	T	F	S
26	27	28	29	30	31	1
2	3	4	5	6	7	8
9	10	11	12	13	14	15
16	17	18	19	20	21	22
23/30	24/31	25	26	27	28	29

February 2005

S	M	T	W	T	F	S
30	31	1	2	3	4	5
6	7	8	9	10	11	12
13	14	15	16	17	18	19
20	21	22	23	24	25	26
27	28	1	2	3	4	5

March 2005

S	M	T	W	T	F	S
27	28	1	2	3	4	5
6	7	8	9	10	11	12
13	14	15	16	17	18	19
20	21	22	23	24	25	26
27	28	29	30	31	1	2

April 2005

S	M	T	W	T	F	S
27	28	29	30	31	1	2
3	4	5	6	7	8	9
10	11	12	13	14	15	16
17	18	19	20	21	22	23
24	25	26	27	28	29	30

May 2005

S	M	T	W	T	F	S
1	2	3	4	5	6	7
8	9	10	11	12	13	14
15	16	17	18	19	20	21
22	23	24	25	26	27	28
29	30	31	1	2	3	4

June 2005

S	M	T	W	T	F	S
29	30	31	1	2	3	4
5	6	7	8	9	10	11
12	13	14	15	16	17	18
19	20	21	22	23	24	25
26	27	28	29	30	1	2

July 2005

S	M	T	W	T	F	S
26	27	28	29	30	1	2
3	4	5	6	7	8	9
10	11	12	13	14	15	16
17	18	19	20	21	22	23
24/31	25	26	27	28	29	30

August 2005

S	M	T	W	T	F	S
31	1	2	3	4	5	6
7	8	9	10	11	12	13
14	15	16	17	18	19	20
21	22	23	24	25	26	27
28	29	30	31	1	2	3

September 2005

S	M	T	W	T	F	S
28	29	30	31	1	2	3
4	5	6	7	8	9	10
11	12	13	14	15	16	17
18	19	20	21	22	23	24
25	26	27	28	29	30	1

October 2005

S	M	T	W	T	F	S
25	26	27	28	29	30	1
2	3	4	5	6	7	8
9	10	11	12	13	14	15
16	17	18	19	20	21	22
23/30	24/31	25	26	27	28	29

November 2005

S	M	T	W	T	F	S
30	31	1	2	3	4	5
6	7	8	9	10	11	12
13	14	15	16	17	18	19
20	21	22	23	24	25	26
27	28	29	30	1	2	3

December 2005

S	M	T	W	T	F	S
27	28	29	30	1	2	3
4	5	6	7	8	9	10
11	12	13	14	15	16	17
18	19	20	21	22	23	24
25	26	27	28	29	30	31

January 2006

S	M	T	W	T	F	S
1	2	3	4	5	6	7
8	9	10	11	12	13	14
15	16	17	18	19	20	21
22	23	24	25	26	27	28
29	30	31	1	2	3	4

February 2006

S	M	T	W	T	F	S
29	30	31	1	2	3	4
5	6	7	8	9	10	11
12	13	14	15	16	17	18
19	20	21	22	23	24	25
26	27	28	1	2	3	4

March 2006

S	M	T	W	T	F	S
26	27	28	1	2	3	4
5	6	7	8	9	10	11
12	13	14	15	16	17	18
19	20	21	22	23	24	25
26	27	28	29	30	31	1

April 2006

S	M	T	W	T	F	S
26	27	28	29	30	31	1
2	3	4	5	6	7	8
9	10	11	12	13	14	15
16	17	18	19	20	21	22
23/30	24	25	26	27	28	29

May 2006

S	M	T	W	T	F	S
30	1	2	3	4	5	6
7	8	9	10	11	12	13
14	15	16	17	18	19	20
21	22	23	24	25	26	27
28	29	30	31	1	2	3

June 2006

S	M	T	W	T	F	S
28	29	30	31	1	2	3
4	5	6	7	8	9	10
11	12	13	14	15	16	17
18	19	20	21	22	23	24
25	26	27	28	29	30	1

July 2006

S	M	T	W	T	F	S
25	26	27	28	29	30	1
2	3	4	5	6	7	8
9	10	11	12	13	14	15
16	17	18	19	20	21	22
23/30	24/31	25	26	27	28	29

August 2006

S	M	T	W	T	F	S
30	31	1	2	3	4	5
6	7	8	9	10	11	12
13	14	15	16	17	18	19
20	21	22	23	24	25	26
27	28	29	30	31	1	2

September 2006

S	M	T	W	T	F	S
27	28	29	30	31	1	2
3	4	5	6	7	8	9
10	11	12	13	14	15	16
17	18	19	20	21	22	23
24	25	26	27	28	29	30

October 2006

S	M	T	W	T	F	S
1	2	3	4	5	6	7
8	9	10	11	12	13	14
15	16	17	18	19	20	21
22	23	24	25	26	27	28
29	30	31	1	2	3	4

November 2006

S	M	T	W	T	F	S
29	30	31	1	2	3	4
5	6	7	8	9	10	11
12	13	14	15	16	17	18
19	20	21	22	23	24	25
26	27	28	29	30	1	2

December 2006

S	M	T	W	T	F	S
26	27	28	29	30	1	2
3	4	5	6	7	8	9
10	11	12	13	14	15	16
17	18	19	20	21	22	23
24/31	25	26	27	28	29	30

Names & Numbers

A - G

H - M

Names & Numbers

N - S

T - Z